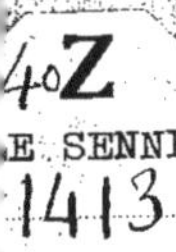

DE LA SOLIDITÉ
DES BATIMENS,
PUISÉE DANS LES PROPORTIONS
DES ORDRES D'ARCHITECTURE.

IMPRIMERIE DE H. L. PERRONNEAU.

DE LA SOLIDITÉ
DES BATIMENS,
PUISÉE DANS LES PROPORTIONS
DES ORDRES D'ARCHITECTURE,
ET
DE L'IMPOSSIBILITÉ
DE LA RESTAURATION
DES PILIERS DU DOME
DU PANTHÉON FRANÇAIS
SUR LE PLAN
EXÉCUTÉ PAR SOUFFLOT, ARCHITECTE DE CE TEMPLE;

PAR CHARLES-FRANÇOIS VIEL,

Architecte de l'Hôpital général, Membre du Conseil des travaux publics du département de la Seine, de la Société libre des sciences, lettres et arts de Paris.

A PARIS,

CHEZ L'Auteur, rue du Faubourg Saint-Jacques, près le Val-de-Grace.
TILLIARD frères, libraires, rue Pavée-Saint-André-des-Arcs, n°. 16.
GOEURY, libraire, quai des Augustins, n° 41.

Mars 1806.

DE LA SOLIDITÉ
DES BATIMENS,
PUISÉE
DANS LES ORDRES D'ARCHITECTURE.

J'ai traité de l'Impuissance des mathématiques pour assurer la solidité des bâtimens (1). Je vais donner, dans ce discours les règles spéciales de l'architecture pour déterminer la mesure des masses qui, à l'instar des constructions créées par la nature, doivent comme elles, pendant des siècles, se maintenir debout dans un repos absolu, rester dans un équilibre parfait, quels qu'en soient leurs plans, leurs figures, leurs espèces et leur module. Mais avant d'entrer en matière, je dois relever quelques assertions nouvelles qui ne sont point étrangères à mon sujet.

Le titre du chapitre précédent : de l'Impuissance des mathématiques, etc., a fait frissonner des enthousiastes exclusifs pour les sciences exactes, qui croient que sans leur secours il est impossible d'ériger un grand édifice. Aussi, par suite d'un tel préjugé, la thèse que j'ai soutenue a été qualifiée de *paradoxe dangereux qui auroit pour effet de détourner les jeunes gens qui se destinent à la carrière de l'architecture, de l'étude la plus nécessaire pour eux, celle des sciences exactes* (2).

(1) Publié en prairial an XIII (juin 1805).

(2) Journal des Arts, des Sciences et de Littérature, n°. 432, 20 thermidor an XIII (1805).

Si l'architecte faisoit son étude principale des mathématiques, ainsi que le veut notre critique; s'il se confioit à cette science, comme toute puissante dans la construction des édifices, il seroit livré à l'usage de formules vagues, uniformes et toujours hasardées dans la pratique.

L'ÉTUDE la plus nécessaire pour suivre avec succès la carrière de l'architecture, est, je ne saurois trop le répéter, celle de l'ordonnance, fondement principal de l'art de bâtir, et non pas les sciences physico-mathématiques, chimiques, etc. etc. Cette étude propre et particulière peut seule éclairer l'esprit de l'architecte sur des combinaisons infinies de plans, de formes, de rapports eurythmiques; et avec une récolte aussi riche, il ne craindra pas *de n'être au-dessus de son maçon que parce qu'il sera peut-être meilleur décorateur que lui* (1).

MAIS puisque l'on me signale comme voulant *détourner les jeunes gens qui se destinent à la carrière de l'architecture, de l'étude des sciences*, je vais préciser la mesure et l'espèce des connoissances mathématiques que doit posséder l'architecte. Ce sont:

LES quatre règles de l'arithmétique, de l'algèbre, cette science dont le génie de Descartes a fait une si heureuse application à la géométrie; la formation des puissances et l'extraction des racines; les lignes, les surfaces, les solides et la trigonométrie. L'architecte instruit des élémens de ces grandeurs diverses, trouvera, par le calcul, par les équations, la solution d'une foule de problêmes d'un usage journalier dans ses relations sociales; il connoîtra les sublimes découvertes de Pythagore sur les surfaces, et d'Archimède sur les solides, qui ont influé et concouru aux progrès des arts mécaniques. Or cette somme de connoissances, je dois le remarquer,

(1) Journal des Arts, des Sciences et de Littérature, n°. 432, 20 thermidor an XIII (1805).

est beaucoup plus forte que celle exigée par Vitruve (1); c'est le cours que l'on faisoit de ces sciences il y a 50 ans dans l'université de Paris, d'après les leçons des *Rivard* et des *Mazeas*: il appartient à la première éducation de l'architecte. Cependant, fût-il même privé de ces connoissances, il peut en réparer l'absence par un génie transcendant devant lequel les plus grands obstacles pour l'exécution de ses dessins disparoîtront.

Le discours que je publie de la puissance de l'architecture sur tout ce qui appartient à son domaine, et à l'un de ses apanages essentiels, la solidité, m'a paru la réponse la plus péremptoire à une critique qui, pour l'importance du sujet, et par le savoir distingué de l'écrivain, a dû fixer mon attention. Ce discours donc renferme la méthode par laquelle toutes les parties d'un édifice se coordonnent; par laquelle les lois de la gravité des corps sont observées. J'expose ainsi le fond de ma doctrine très-orthodoxe aux dogmes de l'architecture, et nullement altérée par un esprit de réforme et de schisme dont on s'est plu à me gratifier.

Au milieu de la tourmente que j'ai éprouvée dans l'attaque sérieuse dirigée contre mon traité de l'Impuissance des mathématiques pour assurer la solidité des bâtimens, l'attention, l'intérêt que cette thèse a mérité de la part des architectes qui étudient leur art, l'assentiment même de savans distingués, qu'elle a obtenu; ce concours consolant a tout-à-fait émoussé les flèches de la critique (2); il est devenu pour moi un ordre de me livrer à un nouveau travail qui,

(1) De l'impuissance des mathématiques, etc., pag. 58.

(2) Les petites Affiches du 27 messidor (17 juillet 1805), n°. 2154, ont rendu compte de ce traité.

Le journal des Arts, des Sciences et de Littérature en a donné une analyse étendue, n°s. 428, 429 et 430, messidor et thermidor an XIII (1805).

Un rapport circonstancié en a été fait par deux architectes à une société savante.

par les développemens qu'il embrasse sur les grandes parties de la construction, justifia d'autant plus le jugement qui en a été porté.

Pour arriver au but que je me propose, je vais traiter aujourd'hui de l'art d'appliquer les proportions des ordres pour la solidité des édifices et publics et particuliers. Ce chapitre découvre toutes les ressources de l'harmonie linéaire pour bien bâtir.

Les architectes et savans expérimentés, après avoir bien scruté le fonds de mon sujet, adopteront sans doute mes principes, et ceux qui, jeunes encore, ne peuvent être assez mûris par l'observation, la pratique et l'expérience, mais dont les premières études sont bonnes, appercevront les avantages à en obtenir dans l'exercice de leur art. Ces principes sont les guides les plus fidèles, les plus sûrs pour être initié dans la science de la construction.

Je vais, dans cet ouvrage, offrir une méthode qui dérive des axiomes, des règles générales que j'ai déja établis, et par laquelle ils deviendront féconds dans les mains de ceux qui en auront saisi l'esprit et pratiqué l'usage.

J'observerai avant tout que les colonnes, dans les monumens de la plus haute antiquité, avoient un diamètre énorme en grosseur en raison de leur hauteur, de même alors, le corps entier de l'édifice étoit colossal; mais les colonnes ayant acquis des rapports plus justes, les masses, dans les plans, ont cessé d'être surabondantes. Enfin, les proportions des ordres étant fixées, ils ont soumis à leurs lois toutes les parties de la construction.

La méthode que j'enseigne est donc, comme je le démontrerai, différente de celle des géomètres qui prétendent :

« Que

« QUE les règles pour la solidité des bâtimens ne peuvent être « autres que les règles mathématiques appliquées aux données phy- « siques » (1).

J'AI suffisamment prouvé, sans doute, dans le chapitre précédent par des faits multipliés et les plus importans, à quelle fluctuation, à quel tâtonnement étoient exposés ceux qui ne construisent que selon *les règles mathématiques appliquées aux données physiques* ; vérité que prouvent de nouveau les variantes successives opérées dans la construction du plancher du pont du Jardin des Plantes (2), et pour lequel l'architecture auroit inspiré des procédés tout autres et plus durables (3).

CEPENDANT, bientôt je me livrerai à de nouvelles recherches sur la ruine des piliers du dôme du Panthéon français, afin de réfuter des assertions avancées récemment sur sa construction, et de convaincre que ces règles si vantées, dont nos mathématiciens sont si fiers, ne répandent réellement qu'une lumière vacillante, trompeuse même, sur le volume et les rapports que doivent avoir les masses pour la solidité des bâtimens.

MAIS si les sciences mathématiques exposent à commettre les plus grandes erreurs dans l'art de bâtir, il faut avoir recours à des principes différens, et qui, au lieu d'asservir le génie, au lieu de lui

(1) Journal des Arts, des Sciences et de Littérature, n°. 432, an XIII.

(2) Journal de Paris, 19 fructidor an XIII (septembre 1805).

Journal de l'empire, 10 brumaire an XIV (10 novembre 1805).

(3) Je me propose de soumettre aux architectes les plus sévères et au public, la nature de construction que je juge la plus solide, la plus économique dans ses moyens propres, pour le plancher d'un pont dont une nécessité absolue exigeroit que les arches fussent construites en fer.

ôter sa faculté inventive, soient capables d'affranchir et de faciliter son élan; et c'est le but de cet ouvrage.

Vous, élèves courageux, vous que l'étude des lettres a préparés pour la science de l'architecture, en procurant à votre esprit de la justesse et de la netteté; vous qui cherchez un système de bâtir qui dirige vos pas dans une voie sûre, ce discours vous l'offrira, il vous conduira au but desiré; vous saurez par lui, trouver les moyens efficaces pour donner à vos compositions une attitude grande et noble, un corps ferme et robuste pour résister à la hache du tems; trouver également la solution de problêmes aussi variés que nombreux qui se présentent sans cesse dans les constructions même les plus ordinaires.

La première condition que ces principes imposent, est de ne jamais dénaturer, comme on le fait aujourd'hui, les belles formes de l'architecture et de compromettre ainsi la solidité; jamais encore de ne livrer ses bâtimens à l'exécution, sans en avoir fait seul, et puisé dans ses propres connoissances les élémens de construction qu'ils exigent. Il faut sur-tout se défendre de cette négligence avec laquelle on érige la plupart des bâtisses nouvelles qui absorbent des fonds considérables, tandis que, par l'esprit le plus léger, la forme, la structure d'un meuble, d'un boudoir deviennent l'objet d'une étude sérieuse.

Les règles que renferme ce discours ne s'expriment pas par les caractères de l'algèbre dont les anciens, nos maîtres en tout, n'ont point connu l'application. Elles se composent de rapports spéciaux entre les lignes qui sont les signes propres à l'architecture, rapports par lesquels la force, l'équilibre des masses sont établis avec la plus sage mesure dans les constructions; et les procédés géométriques ne deviennent nécessaires que pour les opérations purement graphiques, et pour le mécanisme dans l'exécution des bâtimens.

Le principe fondamental de la solidité dans tout édifice, est un bon plan, dont les principales qualités sont l'*invention*, la *disposition*, l'*exécution*, qui toutes relèvent uniquement de l'architecture. Suivons la marche de l'esprit au moment de la composition d'un édifice quelconque.

Blondel, ce savant architecte, veut-il créer son chef-d'œuvre, la Porte Saint-Denis : quoiqu'il possède les mathématiques à un haut degré, le génie seul de son art le domine tout entier, et son crayon divin trace un plan large sur lequel s'érigent des masses proportionnées, harmonieuses et les plus puissantes pour la solidité.

S'il en est ainsi de l'invention et de la disposition du corps d'un édifice, il en est de même pour la composition des profils qui forment son premier et plus bel apanage. Lors donc que Pierre Lescot, Perrault composèrent les corniches, les chambranles, les entablemens qui décorent si heureusement la cour du Louvre et le péristyle de ce célèbre palais, ces hommes de génie dessinèrent sans compas ces beaux profils dont le style est tout-à-fait antique, et qui sont dans un accord complet avec les masses; et certes il ne le cède en perfection à aucun édifice du même genre chez les anciens : il n'a point son égal parmi les plus beaux monumens de l'Italie, c'est-à-dire du monde entier. Donc l'*invention* et la *disposition* d'un morceau d'architecture, qui sont les conceptions et les secrets du génie, n'ont rien de commun avec l'esprit géométrique.

Mais si les profils de notre Louvre sont tous d'inspiration, il en a été tout autrement de l'invention grotesque des moulures agglomerées qui surchargent la monstrueuse ordonnance du temple Saint-Eustache. L'architecte ou plutôt le géomètre qui en est l'auteur, car tout dans cette composition bisarre n'est que lignes droites, brisées, courbes, angles rectilignes, angles mixtes, a eu, pour les tracer, recours à tous les instrumens de mathématiques : le compas, l'équerre, la règle, le rapporteur, etc.

De pareils développemens sur l'essence de l'architecture détruisent tous les sophismes que l'on ne cesse de mettre en vogue depuis cinquante ans sur la nature de cet art, et qui viennent de se renouveler.

« Pour être vraiment architecte, nous dit-on, il faut préalablement « et nécessairement être géomètre » (1).

Les hautes sciences ne peuvent influer en rien dans l'invention des plans : cela est prouvé maintenant; elles sont également impuissantes pour reformer ceux mal conçus et vicieux : ce qui reste à prouver d'une manière évidente.

Les piliers du Panthéon, par leur état actuel, ont fortement ébranlé l'autorité toujours croissante des sciences physico-mathématiques, chimiques, etc., etc., sur l'architecture; et aussi peut-on dire que cet art n'existeroit plus en France, si les élèves architectes jugeant qu'avant tout, ils devoient être géomètres, se fussent livrés à l'étude des mathématiques avec une ardeur égale à celle qu'ils ont donnée au dessin.

Les assertions récemment publiées sur la construction du Panthéon, comme argument contre ma thèse de l'Impuissance des mathématiques, etc., deviennent ici un double motif pour recueillir et exposer tous les faits relatifs à ce temple, qui doivent concourir à démontrer avec la dernière évidence que ces mêmes sciences ne

(1) Journal des Arts, des Sciences et de Littérature, n°. 435, 5 fructidor an XIII (août 1805).

peuvent remédier aux vices d'un mauvais plan. Ces assertions d'ailleurs exigent d'autant plus d'être relevées, qu'elles sont toutes en contradiction avec les faits les plus avérés. L'auteur s'explique ainsi :

« Tous les architectes du tems, à l'exception des architectes « mathématiciens, tombèrent d'accord sur les principes de l'exécu« tion du chef-d'œuvre du génie de Soufflot. Si ces derniers eussent « été écoutés, leurs calculs mathématiques auroient assuré la soli« dité de cet édifice » (1).

Le plan des piliers du dôme du Panthéon est, comme on le sait, un triangle rectangle, figure que rejette toute grande et belle ordonnance, figure que rejette également toute construction solide. Cependant, l'on ne peut nier, à moins de n'être pas instruit de ce qui a été écrit sur ce sujet important, on ne peut nier que le plan de forme triangulaire de ces piliers n'ait été jugé bon par nombre de mathématiciens les plus célèbres, qui tous vivent encore au moment où j'écris. Bien plus, l'un d'entre eux a, par ses calculs, reconnu dans ces mêmes piliers une force tellement supérieure à celle nécessaire sous le poids de la coupole, selon les premiers projets de l'architecte, publiés en 1757, qu'il en réduisit la masse cubique dans leur propre corps, et composa, sans aucun changement à la forme générale du plan, une coupole quintuple en poids à la première. Le public connoît les dessins gravés de l'un et de l'autre ; il jugera de la fidélité des descriptions suivantes.

Le dôme que Soufflot devoit d'abord construire, consistoit à l'extérieur en un tambour circulaire décoré de colonnes corinthiennes engagées dans sa construction ; une voûte hémisphérique le terminoit.

(1) Journal des Arts, des Sciences et de Littérature, n°. 435, an XIII (1805).

L'INTÉRIEUR de la coupole étoit composé d'une simple voûte inscrite au tambour, établie sur un stylobate intermédiaire à l'entablement qui couronne les pendentifs, et décorée de huit lunettes demi-circulaires.

LE dôme du mathématicien projetté en 1770, époque où la construction générale du temple étoit arrivée à la hauteur des bases des colonnes, étoit une conception digne de remarque.

LE plan de ce dôme franchissant les limites de celui des piliers, s'élance sur les doubles péristyles des nefs; ces piliers sont ouverts sur chacun de leurs trois côtés par des baies de 30 pieds de hauteur, et dans cet état ils restoient les soutiens des grandes voûtes des nefs et tout à-la-fois d'un dôme dont on va connoître l'immensité de la composition.

A l'extérieur, sur un soubassement qui atteint les murs d'enceinte du temple, l'ordonnance de la tour circulaire en plan consiste en un stylobate, portant un ordre corinthien dont les colonnes lui sont adhérentes, et en un péristyle interrompu par quatre avant-corps sur les diagonales, décorés aussi de colonnes. Au-dessus de cette ordonnance règne un attique portant une voûte sphéroïde, couronnée par un lanternon de seize colonnes.

A l'intérieur, la tour est également enrichie de colonnes engagées et d'un péristyle en avant, sans aucuns ressauts, au-dessus duquel est établi un vaste amphithéâtre. Ensuite un stylobate supérieur reçoit une voûte inscrite à la première, ouverte à son sommet. Toute cette architecture gigantesque, érigée sur les points d'appui que l'on connoît les plus frêles, eût été construite en pierre; aucune charpente ne devoit entrer dans sa fabrique.

JE ne pense pas que l'on me reproche d'avoir omis dans la description de cette étonnante coupole, les gros corps de maçonnerie extérieure que l'auteur ajoute au plan de Soufflot, dans ses diagonales. Les formes qu'ils offrent sont de la cathégorie anguleuse des compositions du Borromini. Mais quant aux forces à obtenir de ces additions, elles sont indirectes ; les mêmes que ce savant a renouvelées dans son dernier mémoire ; elles sont de l'espèce adoptée par quelques architectes, parmi ceux qui successivement depuis 1797, se sont mis en rang pour la restauration des piliers du Panthéon. J'ai fait justice d'un genre de bâtir si dangereux (1).

Voila ce projet imposant par sa témérité, qui, accompagné d'un mémoire des plus scientifiques, et publié, comme on le sait, il y a 35 ans, servit à combattre la critique de l'un des architectes du tems, lancée contre la force des piliers, quoique massifs dans leur plan, quoique destinés, à cette époque, à porter la première et modeste coupole de Sainte-Geneviève (2).

Soufflot encouragé, enhardi, par une composition aussi volumineuse dans son ensemble, et dont l'immense fardeau étonnoit sa pensée, en la comparant avec ses propres piliers destinés à la porter *directement*, quoique réduits de moitié dans leur masse cubique, quoique devenus tellement légers qu'ils se déroboient à la vue dans le plan général de l'édifice ; Soufflot donc, fervent adepte de la doctrine mathématique, dirigé par ce grand modèle, et avec le secours de points d'appui indirects, dont il lui offroit les moyens, conçut quatre arcs chaînettes de cent pieds de corde, établis au-dessus des voûtes des nefs, et appuyés sur les murs d'enceinte ; et, avec un

(1) Des points d'appui indirects. Paris, an VI (1801).

(2) Le plan et les coupes de ce projet sont recueillis dans un mémoire ayant pour titre : Dissertation sur les dégradations du Panthéon français. Paris, an VI (1798).

pareil secours, il composa un nouveau dôme dont le corps entier est supérieur de beaucoup à celui qu'il dessina dès l'origine, mais inférieur plus encore au colossal projet du géomètre. Notre architecte conclut avec d'autant plus de confiance à la force particulière de ses piliers pour être les soutiens de sa nouvelle coupole, qu'il les conservoit dans leur intégrité. Il fit plus encore; sacrifiant son amour-propre, il soumit ses derniers dessins au tribunal suprême pour lui, celui des savans. Tous le sanctionnèrent (1); et ce n'est qu'après la déclaration de l'oracle qu'il livre religieusement ses plans à l'exécution.

Il est donc incontestable, que ce sont les architectes mathématiciens qui sont tombés d'accord sur les principes de l'exécution du chef-d'œuvre du génie de Soufflot. Tout prouve leur opinion en faveur de la solidité des piliers de sa coupole. Ils ne diffèrent entre eux que sur les causes des effets de destruction qu'ils sont obligés d'avouer, mais auxquels ils n'ont attaché que de foibles conséquences, en les qualifiant de simples dégradations (2).

Après la production de pièces si authentiques sur l'influence des savans dans la construction de la coupole du Panthéon telle qu'elle existe, comment expliquer encore l'assertion suivante du même auteur qui ajoute :

« Les architectes praticiens furent, dans le tems, les apologistes du « dôme de M. Soufflot, contre la solidité duquel tous les mathématiciens « écrivirent. L'on peut à présent décider si les défauts de solidité recon- « nus dans la coupole du Panthéon sont le résultat des faux calculs « mathématiques, ou s'ils appartiennent aux architectes praticiens » (3).

(1) Les mémoires de l'académie des Sciences de 1774, en font l'apologie.

(2) Dissertation sur les dégradations, etc.

(3) Journal des Arts, des Sciences, etc.

Un seul ouvrage parut (en 1769) contre la possibilité de l'exécution de ce dôme sur ses bases, et l'auteur n'est nullement géomètre. Le seul article empreint du cachet scientifique qui termine ce mémoire, a été jugé appartenir à une main étrangère (1). Ouvrons la lettre écrite par le même, neuf ans après la publication de son mémoire (en 1778) au duc régnant des Deux Ponts.

« Il ne suffit pas, dit cet architecte du tems, d'être seulement « mathématicien pour traiter des constructions composées. C'est pour- « quoi, dans l'ignorance des procédés usités, dès qu'il entreprend « de pénétrer dans ces sortes de mystères, pour y porter le flambeau de « la théorie, il est obligé de se créer des principes, de recourir à « des hypothèses : parlant toujours de ce qu'il n'entend pas, substituant « sans cesse le raisonnement aux faits et les chimères aux réalités, il « s'égare lui-même, et trompe, sans le vouloir peut-être, ceux qu'il « se flatte d'éclairer. »

Dans la même lettre, le paragraphe suivant se remarque :

« Croiriez-vous qu'on s'est servi de cette apparence pour machiner « et accréditer une prétendue justification de la coupole de Sainte- « Geneviève ? Il n'étoit venu jusqu'ici à la pensée de personne de « faire servir le sanctuaire des sciences à tromper le public; c'est « cependant ce qui est arrivé en cette circonstance. »

Il est impossible de citer aucun autre architecte qui ait écrit dans un sens quelconque sur la coupole de Sainte-Geneviève, jusqu'à l'époque de 1797 où je livrai à l'impression la première partie de mon ouvrage sur l'Ordonnance et la construction des bâtimens, dans

(1) L'on a attribué dans le tems à un jeune mathématicien que j'ai connu, la solution du problême énoncé en ces termes : « une voûte en berceau de 63 pieds de diamètre, etc. », pag. 36, 37 et 38 du mémoire.

lequel je traite de l'état des piliers en cinq chapitres différens (1). Dans les années suivantes, plusieurs architectes instruits des effets qui se développèrent et dans les colonnes et dans le corps même des quatre piliers, tous également graves, firent des recherches qu'ils ont successivement publiées sur ce phénomène tout-à-fait nouveau dans les fastes de l'architecture.

Il est donc bien prouvé que les défauts de solidité reconnus dans le Panthéon, ont été dénoncés par les architectes *praticiens*, et qu'aucun d'eux n'a été l'apologiste du dôme de Soufflot, sous les rapports de la construction de ses supports. Il est bien prouvé qu'aucun mathématicien n'a écrit contre leur solidité; au contraire, toutes les classes parmi eux, et les théoriciens, et les praticiens, ont soutenu que les piliers de ce dôme avoient une force *décuple* de celle que donnent les calculs algébriques pour soutenir efficacement le poids dont ils sont chargés (2).

Les recherches, les citations, les détails précédens sur le Panthéon, répandent un nouveau jour sur la construction de la principale partie de ce vaste et magnifique temple qui, depuis 35 ans, est devenu le sujet des dissertations les plus variées et pour les architectes et pour les savans. Mais l'esprit qui a inspiré les premières est diamétralement opposé à celui qui a dicté les secondes. Celles-là reposent tout entières sur les grands principes de l'architecture ; celles-ci n'ont pour garantie qu'un appareil scientifique. Je crois cette distinction clairement établie par ces recherches nouvelles. Ce monument, dans son

(1) Je publiai dans la même année 1797 un ouvrage particulier : Moyens pour la restauration du dôme du Panthéon français. Je fis graver l'année suivante (1798), les plans et les coupes de mon projet de restauration, dont la dépense est portée à 900,000 fr. Ces deux ouvrages sont déposés à la Bibliothèque impériale et à celle du Panthéon.

(2) De l'impuissance des mathématiques, etc., pag. 54, 55 et 56; Paris, 1805.

état de détresse, appelle à son secours les architectes les plus capables pour lui faire recouvrer tout l'éclat qui lui appartient, et le rendre au service public auquel il peut être consacré (1).

Le succès de la restauration des piliers du dôme du Panthéon intéresse essentiellement la gloire de l'architecture en France. Il faut que l'étranger reconnoisse dans une opération d'un genre aussi extraordinaire, que nous savons réparer nos fautes; que nous sommes toujours capables de lui donner de grandes leçons et dans l'ordonnance et dans la construction des édifices.

Mais le pas est glissant. Cette restauration est impraticable aujourd'hui sur le plan de Soufflot et tel qu'il est exécuté. Cette proposition mérite tout le développement que l'importance de son objet exige.

Dans l'hypothèse où les piliers seroient à construire ainsi que la coupole, et que, selon le système des mathématiciens, en évitant le démaigrissement du lit des assises, unique cause, selon eux, *des dégradations des piliers*; en accordant même qu'ils aient, d'après leurs calculs, *une force décuple* à celle rigoureusement nécessaire au poids qu'ils soutiennent, système infiniment dangereux; considérons comment, dans l'état actuel des choses, l'on parviendroit à la restauration de ces piliers en conservant leur plan triangulaire, et quelles en seroient les conséquences.

Deux modes se présentent : l'un la refection des parties écrasées; l'autre, qu'il seroit imprudent de tenter, la reconstruction entière des piliers.

(1) Le jeudi 13 février 1806, l'Empereur s'est rendu au Panthéon; il a ordonné sur-le-champ que ce magnifique édifice fût rendu au culte catholique, sous l'ancienne invocation de Sainte Geneviève, patronne de Paris.

Dans le premier cas, les trois colonnes de chacun des angles sont refaites seulement. Or, ces nouvelles constructions, parties les plus foibles du tout, au moment où les grandes voûtes des nefs et le dôme reposeront sur elles, ces parties éprouveront des tassemens auxquels n'est point exposé le corps des piliers composé de constructions anciennes. Un tel état simultané d'inertie et de mouvement dans des bases communes, fera sur-le-champ, éclater les colonnes; effet d'autant plus inévitable à raison de l'extrême petitesse de la surface des assises et de l'exiguité de la forme du plan.

Dans le second cas, celui d'une reconstruction entière des piliers, elle ne s'opéreroit que partiellement; en sorte que le principe sur la pose des pierres, qui veut qu'elle s'effectue complettement de front, seroit enfreint: de là irrégularité dans les tassemens, et par suite un développement rapide de ruptures inévitables, qui compromettroit de nouveau la solidité de la coupole. Les calculs les plus transcendans sont impuissans contre de tels effets. En vain l'on compteroit sur la précision de la main-d'œuvre; en vain encore l'on accroîtroit de dix-huit pouces le volume des piliers sur les deux côtés droits du triangle selon le modèle exécuté à cette fin, et qui en recouvre les parties supérieures. Je passe légèrement, sous le rapport de l'ordonnance, sur l'encaissement maigre et pauvre des colonnes qui résulteroit d'une pareille addition; mais j'insiste à dire que ce supplément de force reste hors de toute proportion pour la solidité des piliers: il est incapable même de résister à l'irrégularité des tassemens. Il faut donc des accroissemens considérables. Or, la science de la construction ordonne qu'ils s'opèrent sur l'hypothénuse ou pan coupé, et sur les angles aigus du triangle (1); eux seuls peuvent satisfaire à la loi générale et absolue: qu'*il y ait plus de*

(1) Moyens pour la restauration des piliers du dôme du Panthéon français; Paris, 1797. Plans et coupes, etc., publiés dans la même année.

force spécifique au porteur qu'en la charge. Ces accroissemens seuls peuvent, par leurs másses, soutenir le choc des tassemens dans la restauration, le rendre nul, et procurer une solidité durable.

Mais si la reconstruction partielle ou totale des piliers du dôme du Panthéon est démontrée inexécutable sur leur plan actuel, une circonstance particulière multiplie encore les obstacles pour l'exécution de ces travaux ; ce sont les étaiemens tels qu'ils viennent d'être faits. Ils remplissent bien le premier but, celui d'empêcher la chûte de la coupole ; mais non pas le second qu'ils devoient réunir, la facilité du service pour l'exécution des travaux. En effet, leur disposition, leur mélange de pierre et de bois qui les construisent s'y opposent. Les étaiemens et les cintres en charpente qui en font partie, ont été conçus dans l'origine, à l'exemple de ceux des ponts, tandis qu'ils auroient dû être composés tout autrement; ce qu'il faut démontrer.

Les cintres des ponts n'ont qu'une fonction à remplir, celle de porter les clavaux jusqu'à la pose de la clef qui, les enchaînant tous, là se termine la fonction de ces supports passagers. La force en est calculée selon l'espèce des voûtes, leur diamètre, leur corde et leurs dimensions plus ou moins grandes ; l'action du poids d'ailleurs qui agit sur ces cintres est progressive.

Les cintres et les étaiemens du Panthéon (1) soutiennent d'abord un fardeau énorme et hors de toutes mesures connues par de pareils moyens, ce sont les voûtes des nefs de quarante pieds de diamètre, le soubassement, la tour, le péristyle extérieur, l'attique et les trois voûtes, dont celle en coupole qui forme le galbe du dôme, a son diamètre extérieur de soixante-treize pieds, et dont la hauteur

(1) Ils devoient être dans l'origine seulement construits en bois ; l'on a ensuite, dans le cours de la construction, fait concourir la pierre avec le bois.

totale est de deux cent onze pieds; le tout construit en pierre. Indépendamment de ce premier service, les étaiemens doivent concourir aux reconstructions nouvelles, selon le plan quelconque qui sera adopté ; ils doivent défendre de toute commotion les grandes fabriques supérieures; et certes tant de conditions à réunir exigeoient un système particulier d'étaiemens. Faisons connoître à nos lecteurs celui qui pourroit satisfaire à des données si difficiles.

Quatre murs construits en pierre dure employée brute, sans aucune autre taille que celle du lit des assises et des joints principaux, tous d'une épaisseur égale et proportionnée à leur hauteur, uniroient les piliers à la tête des nefs jusqu'à la clef des voûtes; une baie pour le service des travaux seroit établie au milieu.

Les murs déja construits dans la direction diagonale entre les colonnes de l'angle droit des piliers et celles de l'enceinte du temple sous les plate-bandes seulement, pénétreroient dans les tribunes jusqu'à la rencontre des voûtes du soubassement du péristyle extérieur du dôme; ils viendroient ainsi soulager les supports que ces murs ne font qu'étrésillonner.

Les piliers ainsi fondus avec de robustes et grossières constructions, deviennent une seule et même masse, des étaiemens de cette nature réunissent les forces protectrices les plus efficaces contre tout accident; ils donnent également les facilités les plus complettes pour les opérations diverses de la restauration.

En effet, sous ce second rapport, à la manière de l'exploitation dans l'intérieur des rochers et dans les carrières, l'on trancheroit successivement selon les progrès de la construction, jusqu'à la naissance des voûtes, dans la hauteur de cinquante pieds, à compter du pavé du temple, et la tête des piliers et les parties voisines des murs en étaiemens. Le simple et puissant marteau du carrier opéreroit ces excavations diverses, sans commotions, sans ébranlement; et toutes les parties supérieures de ces quatre murs en remplissant la fonction de cintres, resteroient intactes; de plus, l'opération faite, les matériaux conservent encore plus de la moitié de leur valeur primitive. Ainsi, un pareil système d'étaiemens réunissoit toutes les qualités desirables et essentielles à obtenir : solidité, facilité pour l'exécution et l'économie dans la dépense, tous avantages qui ne peuvent se trouver avec des cintres exécutés en bois et en pierre; leur nature diverse, leur union ne permettant pas dans leur volume des réductions partielles même, sans inconvénient.

L'époque, sans doute, n'est pas éloignée, où le Gouvernement fixant la destination particulière et définitive du Panthéon, ordonnera la reconstruction des bases de sa coupole (1); et pour qu'une aussi noble entreprise fût remplie avec succès, le vœu bien prononcé des amateurs des arts, seroit que les divers projets faits par un nombre d'architectes (2) fussent exécutés en modèles sur une échelle commune et d'une moyenne grandeur. Tous, sans exception, seroient exposés dans la première nef du temple. Ainsi, l'opinion publique, éclairée par la comparaison des uns et des autres modèles, s'établiroit en faveur de celui le plus heureusement conçu, le mieux approprié à l'ordonnance générale, et qui, tout à-la-fois réuniroit les forces suffisantes pour la solidité de l'édifice. L'on procéda de la sorte à Florence, lors de la construction de la fameuse coupole de Sainte-Marie *del Fiore*, et l'ingénieuse et savante conception de Brunelleschi en a été le fruit.

Je ne déroge point ici aux principes contre les concours, que

(1) Lorsque je composois cet ouvrage, le décret de l'Empereur sur ce monument n'étoit pas rendu.

(2) Mes dessins gravés sont joints à cet ouvrage.

j'ai prononcés dans mon ouvrage de la Décadence de l'architecture. Jamais je ne me suis présenté dans cette sorte de lice. J'ai publié, en mars 1797, mes projets. Aucun autre, à cette époque, n'avoit paru. Il s'est établi ensuite une concurrence naturelle entre un nombre d'architectes. D'ailleurs l'espèce de restauration dont il s'agit est sans exemple, et d'une difficulté extraordinaire : elle commande impérieusement deux conditions majeures à remplir, la concordance entre les parties à ajouter avec celles de l'édifice, et tout à-la-fois, la réunion de forces qui procurent une grande solidité. Enfin, Soufflot, l'auteur du monument, n'existe plus.

Je crois avoir prouvé évidemment l'inexactitude des assertions récemment publiées contre les architectes transformés tout-à-coup en stupides admirateurs de la force des supports du dôme de Sainte-Geneviève. Je crois avoir satisfait à la promesse d'offrir de nouvelles vues sur la restauration et les moyens d'exécution de ces mêmes supports, et de l'impossibilité de les reconstruire sur leur même plan, ainsi que je l'ai annoncé à la tête de ce discours (1). Mais je dois placer ici quelques remarques particulières sur l'espèce de censure qu'exige de moi le ministère que j'exerce, celui de professer et l'ordonnance et la construction des bâtimens (2).

Je dirai donc que dans les recherches, les observations répandues dans mes différens ouvrages, et dans celui-ci, je n'y confonds jamais le savant estimable avec le téméraire bâtisseur, qui erre sans boussole et sans guide. Je me suis constamment défendu d'employer l'arme du

(1) Les dissertations diverses que j'ai successivement publiées depuis 1797 sur le Panthéon, tendent toutes à conserver le dôme qui en fait le plus bel ornement, et dont l'ignorance et la jalousie ont provoqué la destruction. Ce temple, par sa noble, grande et riche ordonnance, assure à Soufflot une honorable et juste célébrité.

(2) Voyez la Notice, à la fin de l'ouvrage.

du ridicule. Les sujets sont trop graves, et il ne faut blesser personne. L'anonyme qui lança contre l'un de mes ouvrages (1) la satyre la plus plate, a prouvé qu'un mauvais plaisant ne sera jamais un bon juge, quoique portant le manteau scientifique dont la mode est si générale aujourd'hui. Je m'interdis encore de dénommer les auteurs vivans des différens édifices qui fournissent une ample récolte à une juste censure. Les ponts seuls sont indiqués, par la nécessité de fixer l'esprit du lecteur sur ce qui fait l'objet de l'analyse et des dissertations, et à raison de l'utilité du parallèle entre les ponts à la manière des architectes, et ceux à la manière des savans.

Plusieurs artistes, jaloux des progrès de l'architecture, dont l'esprit n'est nullement satyrique, ont avancé, dans un rapport sur mon chapitre, de l'Impuissance des mathématiques, etc., que mes réticences nuisoient à l'intérêt de l'enseignement, qui est mon but bien prononcé. Je réponds à ce reproche, louable dans son motif, que mes citations sont toutes de la plus grande exactitude; mais que, ne fussent-elles qu'hypothétiques, elles n'en seroient pas moins utiles pour l'instruction. D'ailleurs, je suis pénétré de la vérité suivante :

« Il faut bien prendre garde d'avilir les beaux arts, en voulant « démasquer l'hypocrisie des charlatans. »

Maintenant livrons-nous à l'exposition et au développement de la méthode propre à établir la solidité des édifices de tous les genres, de toutes les espèces, de tous les modules.

Un bon plan, avons-nous dit, apporte en naissant, pour la solidité,

(1) Réflexions sur la construction du pont du Louvre. Ce petit ouvrage a été fondu dans mon traité de l'Impuissance des mathématiques, etc.

les ressources nécessaires au bâtiment qu'il constitue : il ne s'agit, dès qu'il existe, que d'en tirer le parti dont il est susceptible dans l'exécution. Et pour y parvenir, on étudiera l'espèce des rapports à l'égard des masses qui conviennent le plus à son module. Les ordres les renferment. Ils offrent dans ceux du diamètre et de la hauteur des colonnes, les échelles propres à exprimer numériquement l'épaisseur des murs qui composent un pareil plan, selon leurs fonctions particulières, leurs élévations et la nature des matériaux qui doivent les construire.

Les proportions des ordres dorique, ionique et corinthien varient entre leur diamètre respectif; elles varient dans chacun d'eux, surtout dans le premier. Cette diversité est la source inépuisable qui fournit à toutes les combinaisons pour la construction, comme elle fait pour l'ordonnance.

Une considération première et principale se présente sur l'état des points d'appui qui sont isolés et circulaires en plan, c'est celui des piliers ronds mis en œuvre à l'origine des sociétés, distribués près à près, recevant la couverture des combles des premières habitations des hommes, et dont les espacemens extérieurs étoient fermés par des constructions légères. Ces élémens féconds de l'ordonnance devinrent ceux de l'art de bâtir.

La colonne ou pilier rond, avant même le premier essor de l'industrie et le progrès des arts qui lui assignèrent des rapports réguliers qui le constituent ordre d'architecture; la colonne toute brute encore, étoit l'échelle naturelle pour distribuer les forces nécessaires aux édifices qui composèrent les plus anciennes cités. Les fameuses constructions de Babylone devancèrent d'un grand nombre de siècles les découvertes les plus célèbres en mathématiques, qui ont produit les théories dont nos savans font dépendre la solidité des bâtimens, et dont l'application n'a été essayée chez les modernes, que vers le commencement du dernier siècle (1); ces constructions ont obtenu des ordres naissans, leur beauté et leurs forces.

L'ordre dorique, principe générateur de l'eurythmie, a été le premier régulateur de la force des constructions. L'ionique et le corinthien, auxquels donnèrent naissance la perfection de l'architecture chez les anciens, vinrent ensuite diversifier les rapports selon le genre, la nature et l'espèce des bâtimens.

Rendons sensible l'application de ces rapports à des constructions diverses, et dans leur objet, et dans leur module. Indiquons le choix que l'on doit faire de l'échelle de l'un ou de l'autre des trois ordres.

Premier exemple : un mur de clôture est à construire; il doit avoir vingt pieds de hauteur sur douze à quinze toises de longueur.

Par suite de la théorie des rapports des ordres entre leur grosseur et leur hauteur, celui d'un à neuf, qui appartient à l'ordre ionique, servira d'échelle; et l'épaisseur du mur sera de vingt-sept pouces.

Si un pareil mur avoit une longueur de quinze, vingt toises, et au-delà, dans ce cas, le rapport d'un à huit, qui est l'un de ceux de l'ordre dorique, réglera son épaisseur, c'est-à-dire, qu'il aura trente pouces. Si ce mur ne doit clorre qu'une propriété particulière, l'emploi du moellon de pierre calcaire, de meulière ou de granit, suffira. Mais s'il s'agit de fermer un établissement public, alors des chaînes en pierre d'appareil, distantes entre elles de douze pieds, et les plus longues assises de trois pieds, renforceront ce mur pour lui procurer une plus longue durée. Au défaut de pierre de taille,

(1) Principes de l'Ordonnance et de la construction, etc., chap. XXXIV, pag. 199; Paris, 1797.

on aura recours à des éperons faits en moellons, espacés comme le seroient les chaînes, ayant en saillie l'épaisseur du mur et une largeur de trois pieds.

Cet exemple, malgré sa simplicité, étoit nécessaire à citer; c'est l'espèce de construction qui est le plus livrée à elle-même, quoiqu'elle n'ait que son propre poids à soutenir. La preuve de l'utilité de l'application des grands principes à un simple mur de clôture, et des inconvéniens de leur omission, se trouve dans un mur très-considérable en étendue, et de dix-huit pieds de haut, qui ferme l'enceinte d'une maison publique. Ce mur, construit il y a quinze ans, avoit vingt pouces d'épaisseur, fait en moellons seulement; bientôt il fallut le reconstruire. Son épaisseur actuelle est de vingt-un pouces : il est consolidé par des chaînes en pierre distantes entre elles de dix-huit pieds. Ce même mur, trop foible dans son épaisseur, malgré le secours des chaînes, sera reconstruit une troisième fois, car il est dans un état très-considérable de surplomb (1).

Les proportions des ordres ne se bornent pas à déterminer l'épaisseur des murs, elles présentent des moyens de vaincre des difficultés fréquentes qui se rencontrent dans les constructions même les plus ordinaires. La fondation particulière d'un simple mur de clôture, dont je vais rendre compte, fera d'autant mieux juger toutes les ressources que renferme une pareille méthode.

Ce mur avoit toutes ses dimensions fixées, vingt-huit pouces d'épaisseur en fondation, vingt pouces en élévation, douze pieds de hauteur. Déja les trois-quarts de la longueur étoient construits, lorsqu'un

(1) Je viens de condamner à la démolition des murs de clôture faits il y a 20 ans; ils menaçoient ruine quoique leur corps fût bien maçonné. Ils avoient 12 pieds de hauteur et 16 pouces d'épaisseur: la cause de leur chûte se juge aisément.

mauvais terrain, d'une grande profondeur, dans une étendue de cinquante-un pieds se découvrit dans la partie à terminer.

Un arc en décharge, même en pierre, procédé usité lorsqu'un sol est douteux, et d'une moyenne longueur, devenoit impraticable pour la solidité, en raison de l'épaisseur donnée, de vingt-huit pouces, et de la corde de cinquante-un pieds. Accroître l'épaisseur de l'arc, étoit impossible selon les alignemens, et sans se livrer à des dépenses considérables. Par la même raison, il n'y avoit pas lieu d'avoir recours aux racinaux, aux grils de charpente. Les bois d'ailleurs employés dans un terrain sec, s'y décomposent, quoiqu'ils n'y éprouvent aucun contact avec l'air extérieur (1). Il falloit d'autres moyens pour consolider efficacement et avec économie ce mur de clôture (2); les calculs suivans les ont procurés.

L'épaisseur des fondations de vingt-huit pouces fut multipliée par dix, rapport du diamètre de l'ordre corinthien, le plus élevé de tous, dont le produit, vingt-trois pieds quatre pouces, fixa la longueur de la corde de deux arcs unis à leur rencontre par un sommier en un seul morceau de vingt-un pouces de tête, établi sur un tasseau de libage de quatre pieds quatre pouces de large, et à leurs extrémités, appuyés sur des sommiers aussi en pierre, qui reposent sur le tuf. Les arcs extradossés à trente pouces, sont construits en moellons d'élite, ayant une clef en pierre, de trois pieds de coupe. Telles sont les forces combinées, résultantes de ma méthode, qui constituent la fondation de ce mur de clôture.

Tout architecte savant apperçoit les conséquences utiles qui dérivent

(1) J'ai recueilli sur ce point important un fait : Il y a quelques années, des murs lézardés ont été démolis, et dans les fondations, l'on a trouvé des racinaux et des plate-formes réduits en poudre.

(2) Il fait la clôture de l'Hospice des vénériens, sur la rue de la Santé, faubourg Saint-Jacques.

de la solution d'un pareil problême. Il juge de la solidité, de l'économie de cette nature de construction ; de l'application plus étendue dont le mode est susceptible, même aux plus importans édifices. Car, dans l'ordre des choses : *d'une vérité on parvient à une autre ; une solution en amène de nouvelles.*

La seconde espèce de construction qui se présente à traiter, est celle des maisons ordinaires.

La plupart des bâtimens particuliers, distribués en pièces de douze, quatorze et quinze pieds de largeur, ont une longueur plus ou moins grande. La hauteur moyenne est de trente pieds, subdivisée en un rez-de-chaussée, un premier, second étages, et les combles au-dessus.

Le raisonnement indique ici des modifications à faire dans les rapports, même d'un à dix. Il enseigne la moindre épaisseur à donner aux murs. En effet, il en est autrement des constructions dont il s'agit, de celle d'un seul mur qui doit subsister par ses propres forces, et qui est soumis, par son isolement, à des vibrations qui ne peuvent être comprimées que par une épaisseur fixée d'après les proportions décrites plus haut.

Un bâtiment ordinaire se compose, dans son plan, de murs différens qui se correspondent à des distances plus ou moins rapprochées, liés entre eux par d'autres murs transversaux. Ils sont, de plus, entretenus tous, dans leurs élévations, à des hauteurs de huit, neuf et dix pieds d'intervalles, par des planchers dont les armatures font les nœuds communs. Il résulte de cet état particulier, qu'ils acquièrent une force secondaire à celle qui leur est spéciale ; force que l'on peut estimer d'un tiers : conséquemment il y a lieu à une réduction proportionnelle dans leur épaisseur. Ainsi, dans notre exemple, les murs ayant trente pieds de hauteur, au lieu de trois pieds d'épaisseur, selon le rapport d'un à dix, ils n'auront que deux pieds. L'expérience vient à l'appui du raisonnement, et en garantit l'exactitude. Une plus grande réduction exposeroit à des chances contre la solidité.

L'exception que je fais aux trois diverses règles déja posées, ne les infirme en rien. L'on ne peut avancer que me voilà rentré dans un cercle vicieux dont il faudra parcourir, au hasard d'errer, tantôt le rayon, tantôt le diamètre, tantôt les différentes cordes de son aire.

Cette exception conserve toujours un rapport déterminé avec le principe; elle n'en est qu'une modification, ainsi que nous l'avons dit; elle conduit au terme cherché pour la solidité; elle opère tout à-la-fois une économie importante dans la dépense et dans l'emploi des surfaces destinées à l'habitation, qui, généralement dans les villes, sont très-bornées.

Quiconque connoît bien la nature des plans et l'espèce de bâtimens aussi complexes que ceux faits pour des usages particuliers, sanctionnera la mesure que j'adopte. Il n'hésitera point à convenir de l'impuissance absolue des règles mathématiques applicables aux données physiques, pour graduer et diversifier les proportions dans les épaisseurs de cette sorte de mur. L'architecture seule débrouille ce chaos de grandeurs différentes, irrégulières dans leurs relations. Composées d'élémens très-variés, l'architecture les classe, leur assigne les proportions essentielles à leurs fonctions, et avec un tel succès, que, pour me servir de l'expression de Montaigne, *chaque pièce tient son rang et porte sa marque.*

L'épaisseur des murs qui construisent les maisons ordinaires, étant fixée aux deux tiers du rapport d'un à dix, il reste à statuer sur la distribution des piédroits et des trumeaux, et sur les dimensions plus ou moins grandes des baies de portes, de croisées, sur les relations que ces parties doivent avoir entre elles dans un bâtiment particulier : le service commande souvent que les points porteurs au rez-de-chaussée soient de dimensions plus foibles dans leurs masses que celles supérieures. La solidité exige donc une force spécifique plus puissante dans ces mêmes points. Ainsi les piédroits, les jambes étrières, doivent être construits en pierre d'appareil la plus dure; et, à son défaut, dans l'impuissance de s'en procurer, l'on aura recours à des faisceaux de fortes pièces de bois, assemblées et boulonnées entre elles.

Ce n'est pas tout : la proportion de ces points d'appui, leur espacement ne sont nullement arbitraires; et la règle, sur cette partie essentielle de la solidité, nous est encore offerte par les ordres, dans les rapports qu'ils établissent entre les espacemens des colonnes et leur diamètre.

Les colonnes, comme on le sait, sont susceptibles d'espacemens différens, qui se distinguent par les dénominations de picnostyle, sistyle, eustyle, diastyle, aréostyle.

Or, l'épaisseur des piédroits d'un bâtiment étant donnée par la hauteur des façades, il ne s'agit plus que de déterminer leur espacement; et le diastyle, l'aréostyle, qui procurent les plus grands, conviennent dans ces sortes de constructions. Les piédroits seront donc espacés dans le rapport d'un à trois, ou d'un à quatre. Mais l'épaisseur commune d'un mur de face au rez-de-chaussée, étant de vingt-quatre pouces, l'espacement sera de six ou huit pieds.

Si le plan du rez-de-chaussée d'une maison qu'il faut toujours considérer isolée, afin que jamais elle ne dépende, dans ses moyens de solidité, de constructions voisines, s'il est tout entier distribué en piédroits sur les façades, dans ce cas, il faut donner à ceux des angles, une largeur double parce qu'ils sont les culées sur lesquelles agit

agit davantage le poids du bâtiment. Les piédroits intermédiaires seront plus serrés graduellement vers les extrémités, l'espacement du centre sera le plus grand. Ces lois sages sont écrites dans les péristyles antiques où l'étude approfondie de l'ordonnance, de la part de leurs auteurs, les a conduits si efficacement à la solidité des édifices.

Si les géomètres de nos jours, qui construisent des ponts, eussent étudié l'architecture ancienne, et le rapport des colonnes dans leurs espacemens, ils se seroient défendus, et pour le plus bel effet, et pour la solidité, de faire les arches toutes d'un diamètre égal; système qui leur est particulier; système qui ne leur permet pas de s'écrier : Grecs et Romains ! cédez le pas aux modernes dans le grand art de bâtir; ils vous ont éclipsés.

La distribution des pleins et des vides, dans le rez-de-chaussée d'un bâtiment, détermine celle des étages supérieurs. Les principes interdisent que toute baie soit au-dessus des piédroits et des trumeaux; ils défendent que toute masse de construction soit dans l'axe des vides inférieurs. Ces principes conservateurs sont généralement enfreints aujourd'hui dans la capitale, centre, cependant, où se trouvent réunis les architectes les plus distingués par leurs talens. Ce monstrueux phénomène s'explique aisément par ceux qui connoissent les voies hideuses qui procurent les affaires de bâtimens.

Les baies de portes, de croisées d'une façade doivent donc avoir leurs axes communs, ensorte que l'on n'y compte jamais un plus grand nombre d'ouvertures dans le sommet d'un bâtiment, qu'il n'en existe au pied; toujours aussi les pleins doivent l'emporter sur les vides.

L'épaisseur que les principes imposent à donner aux murs des maisons ordinaires; l'interdiction d'ériger des trumeaux dans l'axe des baies; la proscription de l'établissement de vides au-dessus de pleins qui forment l'apanage le plus brillant de nos décorations modernes, imitation misérable des distributions gothiques, faite avec autant de maladresse, qu'elles sont habilement combinées dans les édifices anciens de cette espèce d'architecture, et en concordance avec elle; une telle sévérité excitera, sans doute, le rire de cette tourbe de compositeurs et de bâtisseurs, dont les uns opèrent sans jugement et sans goût; les autres ne construisent que par routine. Ceux-là réclameront pour le libre exercice du génie : ceux-ci invoqueront l'imposante autorité *de la coutume*, et la différence énorme en moins dans l'épaisseur des murs de nos maisons de Paris, avec celle que la science requiert. Mais les architectes qui possèdent toutes les parties de leur art, admettront l'épaisseur de vingt-quatre pouces dans les murs de nos bâtimens particuliers, épaisseur que la solidité et une véritable économie commandent également.

En effet, et pour n'insister que sur l'épaisseur des murs, j'observerai que les plans et la construction de la presque totalité de nos maisons de ville, étant confiés à des mains ignorantes, il en résulte que rien n'y est calculé : tantôt l'épaisseur des murs, dans des hauteurs différentes, reste la même; tantôt tels murs ont une épaisseur plus foible que tels autres moins élevés. En général, la plus forte épaisseur est de dix-huit pouces pour une hauteur de soixante à soixante-dix pieds; souvent elle est réduite à quatorze pouces dans des murs élevés de quarante et de cinquante pieds. Ce n'est pas tout, le grand précepte sur les espacemens entre les points d'appui principaux, est totalement inconnu.

Les défauts de proportions qui existent dans nos constructions ordinaires, y nécessitent de promptes réparations plus ou moins considérables, elles consistent en des reprises en sous-œuvre, des réfections; des raccordemens divers; et ces reconstructions s'étendent à un tel degré dans la plupart de ces bâtimens, qu'ils sont successivement reconstruits en totalité. Il est certain que si, dans celles de ces bâtisses les plus importantes, l'on n'y prodiguoit point le fer au moment de la construction, leur chûte seroit la plus rapide, et les catastrophes les plus dangereuses auroient lieu. Mais le vice radical dans les plans et dans l'épaisseur des murs, est encore aggravé par l'établissement dans les façades, de pleins sur les vides et de vides sur les pleins. Aussi, dans le premier cas, le plus grand nombre des plate-bandes ont-elles leurs claveaux éclatés et ne résistent aux efforts du poids qu'elles portent que par le secours des armatures, et dans le même cas où ce sont des poitrails qui reçoivent de pareils porte-à-faux, ils fléchissent souvent, et il faut les remplacer à grands frais (1). Dans le second cas, où les vides sont sur les pleins, les divers centres de gravité des points d'appui fuient leur rencontre ; le sommet de l'édifice manque des liens qui doivent le fortifier, et l'équilibre entre les parties, si essentiel à établir, est totalement rompue, par un système de bâtir aussi absurde.

Deux moyens se présentent pour mettre un frein au désordre général qui règne de nos jours, dans les constructions particulières, et dont nos édifices publics eux-mêmes sont atteints.

Le premier seroit de ne confier la composition des plans d'un édifice quelconque qu'à des architectes connus par des études complettes de l'ordonnance et de la construction, les unes et les autres fondées sur la théorie et l'expérience garanties par des examens sévères, et tels que ceux qui ont lieu pour exercer la médecine et la chirurgie ; car si la vie des hommes dans les maux physiques qui les accablent, dépend de la science et de la pratique de ces deux grandes parties

(2) Je pourrois citer un grand nombre de maisons que j'ai vu bâtir, qu'il a fallu chevaler peu d'années après, pour substituer de nouveaux poitrails. Je m'interdis de les désigner particulièrement.

de l'art de guérir, la vie des hommes dépend aussi de la solidité de leurs habitations. Une pareille mesure prise par le Gouvernement, dissiperoit bientôt cette nuée épaisse et ténébreuse de faux architectes qui obscurcit l'atmosphère de celui des beaux arts dont la perfection intéresse si essentiellement, et la beauté des villes, et les finances de l'état et celles des particuliers. L'autorité par ce moyen établiroit une sauve-garde contre l'influence des cotteries et du charlatanisme qui l'assiégeant, surprennent sa confiance dans la distribution qu'elle fait des opérations de bâtimens. Enfin une mesure simple, si facile dans son application, rendroit à l'architecture tout son éclat, et les élèves qui promettent des talens, et pour l'instruction desquels le Gouvernement entretient les écoles les plus utiles en France et en Italie, seroient assurés du succès de leurs veilles. Alors l'état honorable d'architecte, avili de nos jours contre l'intérêt social, reprendroit le rang qui lui appartient dans l'opinion publique, par le concours de vrais talens et d'une austère moralité, qui font l'apanage distinctif de cette profession.

Le second moyen, mais particulier aux bâtimens ordinaires, pour concourir à la solidité et à l'économie dans leurs constructions, consisteroit à fixer la plus grande hauteur des maisons de Paris, à quarante pieds. Cette condition permettroit la rigoureuse observation du principe sur l'épaisseur des murs; on n'éleveroit plus sans limite les bâtimens d'habitation. Ce même moyen procureroit l'avantage inappréciable d'une libre circulation à l'air obstrué par la hauteur ridicule de presque toutes nos maisons; circulation si desirable dans une ville d'une grande population. La nécessité d'un pareil règlement de voirie a déja été sentie.

Les développemens que je viens de donner sur les constructions dont le besoin est journalier et très-étendu dans nos villes, m'ont paru indispensables pour l'intérêt de quiconque fait bâtir. D'ailleurs, trop d'architectes aujourd'hui négligent le fond dans leurs ouvrages même de la première classe, et ne soignent que les détails. *Pour bien construire une maison, il faut avoir du talent et savoir son métier; pour la décorer il ne faut que de l'esprit.* Cette réflexion appliquée à la littérature convient parfaitement à l'architecture, parce que tout dans cet art, est règles et méthodes : les principes doivent être religieusement observés, le bons sens n'y être jamais sacrifié à de prétendus effets qui, pour, me servir d'une expression d'un littérateur distingué de nos jours, *ne sont que des tours de jonglerie.*

Cette doctrine est d'autant plus à propos à publier dans ce moment, que les plus grands changemens viennent de s'opérer par des démolitions dans Paris, et par suite, un grand nombre de maisons nouvelles doivent l'embellir. Déja, dans le quartier le plus somptueux de la ville, l'on voit s'ériger des édifices sur un vaste plan général, dans lesquels les principes de la construction sont altérés d'une manière frappante.

Dans tels de ces édifices en pleine exécution, indépendamment de l'extrême foiblesse des murs dont la plupart n'ont que quinze, seize et dix-huit pouces d'épaisseur, d'une hauteur de cinquante, soixante et soixante-dix pieds; leurs corps fragiles sont encore affoiblis par le vide des cheminées qui les traversent aux différens étages. Ce n'est pas tout : plusieurs de ces murs sont ouverts de baies de portes qui ne laissent que quatorze pouces de maçonnerie en *moellons*, intermédiairement à ces cheminées construites en briques de deux pouces d'épaisseur, et ces baies ont des linteaux en bois qui touchent les languettes des tuyaux.

Dans les mêmes édifices, composés de galeries au rez-de-chaussée (1), les murs de refend qui s'érigent au-dessus, sont établis sur

(1) Ces galeries ont 8 pieds 6 pouces de large, 19 pieds de haut, les arcades ont 8

des plate-bandes en pierre de dix-huit pouces de coupe, appareillées avec une négligence inconcevable. En vain l'on a construit des décharges supérieures, sans leur secours ces murs étoient inexécutables, mais elles sont insuffisantes pour leur assurer une longue durée.

NOUS avons à opposer à cette manière petite et foible de bâtir, un grand exemple sous le rapport particulier de la solidité, les bâtimens de la place du temple de Saint-Sulpice, ouvrage du célèbre Servandoni. L'on ne voit point ici de porte-à-faux. Les pleins et les vides sont habilement distribués. Un soubassement mâle et de trois pieds d'épaisseur de mur, répond parfaitement à la hauteur des élévations qu'appeloient l'imposant et majestueux portail qu'ils accompagnent. Voilà les modèles en construction qui doivent être imités pour les façades des places publiques et des rues principales des grandes villes.

LES édifices nouveaux que je viens de citer, méritent toute l'attention de l'observateur qui s'intéresse aux progrès de l'art de bâtir; il pourra, d'après eux, en juger l'effrayante décadence. Les réflexions qu'ils ont fait naître, et que j'expose, tendent à fixer l'attention des élèves, et à les mettre à portée d'apprécier tout le besoin qu'ils ont de l'étude de la construction si intimément liée à celle de l'ordonnance, parce que : *c'est la mesure et la proportion qui font en tout la force.*

APRÈS avoir développé la méthode pour l'application des rapports entre le diamètre et la hauteur des ordres, pour déterminer l'épaisseur des murs dans les deux premiers exemples, ensorte que l'on apperçoive aisément tout le service que procurent les colonnes qui ne

pieds d'ouverture, les piédroits 2 pieds carrés; les murs de refend, y compris les dossiers de cheminées, excèdent 80 pieds de hauteur.

se montrent que dans les édifices d'une classe distinguée ; ce sont elles, cependant, qui prescrivent, quoiqu'absentes, la force des murs d'une étable, d'une grange. Les colonnes encore, ainsi que nous l'avons dit, assignent l'espacement propre à tous les points d'appui isolés dans les bâtimens, quel que soit leur genre et leur espèce. Maintenant, je vais passer à des constructions d'un module supérieur, et dont les données exigent des conditions majeures à remplir.

Troisième exemple : soit un édifice dont le plan ait quatre-vingt-dix pieds de longueur, trente pieds de largeur dans œuvre, quarante pieds de hauteur ; cet édifice n'ayant aucune distribution intérieure, sans aucun plancher, couvert seulement d'un comble en charpente, dont la structure sert de liens naturels au sommet de l'édifice, entre les murs qui le construisent.

Règle générale. Dans un plan de l'espèce de ce troisième exemple, qui n'est qu'un parallélogramme dont toutes les parties sont livrées à elles-mêmes, n'ayant aucun mur de refend qui les lie ensemble ; dans ces données, la plus grande distance entre les façades ne peut excéder leur hauteur. Les proportions eurythmiques que tout bâtiment doit offrir dans ses masses, assignent cette limite.

Les murs de face, dans notre exemple, ont quarante pieds de hauteur ; l'échelle doit être prise dans l'ordre ionique, c'est-à-dire, dans le rapport d'un à neuf, dont l'expression est quatre pieds cinq pouces quatre lignes pour leur épaisseur.

Mais ici, l'espacement des murs n'est que de trente pieds. Donc, pour trouver la mesure inférieure propre, l'on réduira l'épaisseur quatre pieds cinq pouces à sa plus simple expression, cinquante-trois pouces divisés par quarante pieds, qui est le *maximum* dont les murs de face puissent être distans entre eux ; et le quotient de la division sera la quantité proportionnelle pour opérer la réduction à faire, qui, selon cette règle, est de seize lignes par chaque pied. Or, le calcul soustrait treize pouces de l'épaisseur première, quatre pieds cinq pouces, restent trois pieds quatre pouces que doivent avoir les murs de face de l'édifice de notre troisième exemple.

UNE remarque importante à faire à ce sujet, est que, dans la hauteur donnée de quarante pieds, l'épaisseur des murs ne peut être moindre de deux pieds deux pouces huit lignes, quel que soit leur rapprochement; quantité qui, multipliée par deux, produit une épaisseur égale à la première, quatre pieds cinq pouces quatre lignes.

LES épaisseurs des murs étant ainsi fixées pour un édifice aussi important que celui dont il s'agit, l'architecte portera toute son attention sur l'espèce et la nature de la construction. Ce ne sont point, comme dans les maisons d'habitation, de simples cours d'assises, des chaînes éparses, des piédroits en pierre, que l'on puisse se permettre d'employer dans l'édifice proposé. Les murs seront construits en six pieds de hauteur, de pierre dure, toutes faisant le parpaing; l'entablement sera construit de morceaux du plus grand échantillon. La pierre tendre sera mise en œuvre dans les parties intermédiaires. L'emploi du moellon y sera fait avec réserve, et on l'exclura même autant que les finances le permettront. L'ordonnance et l'usage du bâtiment détermineront les différentes baies, les pleins l'emporteront constamment sur les vides; et les baies des façades seront le plus généralement circulaires, sur-tout au rez-de-chaussée.

UNE construction de cette nature, forte par elle-même, rend l'emploi du fer totalement inutile dans le corps de la maçonnerie. Cet agent ne sera mis en œuvre que dans la charpente des combles. C'est avec le bois que le fer doit s'unir; il en forme le lien le plus puissant des assemblages.

Si

Si les grandes constructions de pierre rejettent les armatures, les constructions faites en bois, les appellent. Avec le fer, leur solidité est assurée, et pour le présent et pour l'avenir. Avec cet auxiliaire, le bois est défendu contre les accidens auxquels expose sa décomposition par une fermentation naturelle ou particulière. Les armatures encore, en cas d'incendie, garantiront d'une chûte totale les planchers et les combles. Enfin, avec le concours du fer, les bois de vingt-deux et vingt-quatre pouces d'écarrissage deviennent inutiles ; des poutres de trente et quarante pieds de longueur, et de quinze et seize pouces de gros, fourniront aux constructions les plus considérables.

Il ne sera point déplacé, en parlant des secours que le bois reçoit du fer, de rendre compte de l'application nouvelle que j'en ai faite dans le bâtiment des infirmeries de l'Hospice de l'accouchement, à Paris.

Le second plancher de cet édifice a trente pieds dix pouces de large, et quatre-vingt-dix pieds de long. Il n'a, pour soutien, que les murs de face. De pareilles dimensions exigeoient l'emploi de poutres de vingt pouces d'écarrissage, et de trente-cinq pieds de longueur. Cette espèce de bois, par sa cherté excessive, et par la fermentation à laquelle elle est plus qu'aucune autre soumise, et par les accidens qui peuvent en résulter, me conduisit à n'avoir recours qu'à des poutres de quatorze à quinze pouces de gros, qualité et plus dure et plus saine. Mais il falloit ajouter, à raison de leur longueur, un supplément de force qui les empêchât de fléchir sous le poids du plancher et des nombreuses distributions qu'il reçoit. Le fer est venu la procurer. Ces armatures consistent dans les pièces suivantes.

Un poinçon de vingt-huit pouces de long, deux pouces carrés à sa tête, saisit chaque poutre dans son milieu; il est fixé à son extrémité inférieure arrondie, sur un fort croisillon, par un écrou. Ce poinçon, au-dessous du carreau qui le couvre, reçoit avec assemblage deux arbalétriers de trois et un pouce de gros, embrevés à leur pied dans des paliers de quatre pouces carrés encastrés dans les murs; un support à fourchette entretient chacun d'eux intermédiairement au poinçon; ils ont, comme lui, un écrou qui les assujettit au-dessous de la poutre.

Un segment de cercle en fer, de vingt-un pieds de corde, douze pouces de flèche, trente ligne de large, entaillé de son épaisseur dans les flancs de la poutre, la fortifie encore par l'union de ses fibres.

Deux tirans de six pieds de long, de trois et un pouces de gros, enfilés par le même ancre à chaque extrémité de la pièce, entretiennent ses portées et la soulagent tout à-la-fois.

Ces poutres ainsi armées sont des chaînes puissantes et durables contre tout écartement dans les murs qui, n'ayant que trente pouces d'épaisseur sur quarante pieds de hauteur, et construits en plus grande partie, de moellons, vouloient des liens de cette nature les plus raprochés, et que le nouveau poids fût réparti sur un grand nombre de points. Les poutres sont, en conséquence, établies à neuf pieds de distance les unes des autres.

Les avantages à obtenir de la solution de ce problème de construction en charpente, sont évidens. Un pareil système d'armature est d'une application générale à cette grande partie des travaux de bâtimens, en le modifiant selon le module de l'édifice, selon sa destination. Ce système m'a servi pour consolider l'un des coyers de l'enrayure des grandes salles des Incurables (rue de Sèvres), ayant trente-six pieds de long entre ses portées, vingt-trois pouces d'écarrissage, qu'un nœud vicieux avoit cassé dans sa demi-épaisseur, à sept pieds de distance des murs, sur l'un de ses côtés.

LE quatrième exemple qui me reste à décrire est sur les proportions entre la hauteur des murs et leur épaisseur ; il appartient à la classe des plus grands bâtimens.

UN architecte est chargé de construire un édifice dont le plan, sans aucune distribution intérieure, auroit, dans œuvre, deux cents pieds de long, quarante-cinq pieds de large, les façades soixante pieds d'élévation, ouvertes par des portes et des croisées ; cet édifice couvert seulement d'un comble en charpente.

L'ÉCHELLE propre pour un si grand module sera le rapport d'un à huit. Les autres échelles plus fortes du dorique, qui descendent jusqu'au rapport d'un à cinq, ne conviennent que pour fixer les épaisseurs des murs qui portent des voûtes en pierre, à compter depuis la plate-bande jusqu'à l'ogive qui s'approche le plus de la perpendiculaire. Cet ordre de rapport exigera un développement particulier.

LA formule établie dans le troisième exemple, pour fixer la mesure relative à l'épaisseur des murs, est parfaitement applicable à celui-ci. L'on considérera donc que le plus grand espacement des murs de face, pourroit être de soixante pieds, qui est leur hauteur. Ainsi, le rapport d'un à huit, donne l'épaisseur de sept pieds six pouces. Mais l'espacement fixé, n'est que quarante-cinq pieds. Or, par la formule, la réduction proportionnelle étant un pouce six lignes par pied, les murs de l'édifice qu'il s'agit de construire, auront cinq pieds sept pouces six lignes d'épaisseur.

SI la construction du bâtiment du troisième exemple, dont le module est inférieur à celui-ci, exige l'emploi de matériaux choisis et appareillés avec soin, la construction de l'édifice dont il s'agit doit être traitée avec plus de recherches dans le choix, la nature et l'espèce des pierres, du bois, du fer, etc., et leur union être complette.

QUANT à la structure particulière du comble de ce vaste édifice, elle sera faite à deux pans de chaque côté; les fermes auront leur origine à cinq pieds au-dessous du lit supérieur de la corniche ou du socle qui couronne les façades. Les fermes seront multipliées afin d'unir dans un plus grand nombre de points les grands corps de cette construction, et d'en garantir ainsi l'immobilité. Les entraits retroussés permettroient d'inscrire l'espèce de voûte légère quelconque qui termineroit l'ordonnance intérieure. Les armatures de toutes les espèces rempliroient une fonction principale dans la charpente et dans la voûte, pour la solidité.

SI l'on fait le rapprochement des proportions assignées à l'épaisseur des murs par les principes, pour les grands monumens, de celles de plusieurs édifices de cette classe, érigés de nos jours, et les plus fréquentés de la capitale, l'on reconnoît que les premières constituent la force et la puissance, et que la foiblesse et la fragilité sont le partage des autres. En vain on chercheroit quelques proportions dans leur construction. Les murs principaux de tel d'entre eux ont vingt pouces d'épaisseur, cinquante pieds de hauteur, distans de dix-neuf pieds sur un parallélogramme de cent quatorze pieds de longueur sans aucune division intermédiaire. Dans cet édifice, le plancher ayant les mêmes dimensions de largeur et longueur trop foibles dans sa propre construction, n'a pu obtenir de secours des murs, il a fallu employer, en moyen secondaire, une suite de poteaux de charpente.

JE crois avoir, dans les quatre exemples précédens, et dans les explications diverses qui les accompagnent, répondu au titre de cet ouvrage, qui renferme les règles spéciales de l'architecture pour assurer la solidité des bâtimens et publics et particuliers. Je me flatte que le lecteur attentif, l'esprit libre de tout système exclusif de bâtir, libre de toute théorie étrangère à cet art, jugera de la force et de l'efficacité de ces règles, et de la simplicité de leur méthode. L'on reconnoît qu'elles constituent l'architecture elle-même, qui se compose toute entière de rapports entre toutes les parties qui lui appartiennent, quelle que soit l'espèce de ses productions.

Donc, les règles pour la solidité des bâtimens, sont autres que les règles mathématiques appliquées aux données physiques.

Cette conséquence sera admise par tous les architectes qui ont un exercice raisonné de leur art, et comme ordonnateurs et comme constructeurs. Ceux-là seuls qui auroient parcouru leur carrière en ne s'attachant qu'aux accessoires de l'ordonnance : j'appelle ainsi toutes les espèces d'ornemens, et toutes les parties distinctes du linéaire ; ceux-là seuls pourroient rester flottans, indécis sur une question d'un aussi grand intérêt dans l'architecture ; ceux-là seuls enfin, qui voyent les mathématiques, qu'ils connoissent à peine, qui les apperçoivent dans l'ombre comme une divinité tutélaire de la construction. Cet état de doute les laisse calmes et tranquilles, et les délivre de méditations continuelles et des recherches actives qui n'ont de charmes que pour ceux qui jugent toute la gravité, toute l'importance de leur état et sa dignité.

Il reste à donner à la doctrine que nous professons, une garantie, je ne dirai pas de la vérité, elle est inattaquable, mais de la précision et de la justesse des mesures qu'elle enseigne pour la pratique. Un grand exemple va nous convaincre de ses qualités propres, la force et la sagesse. L'église du grand hôpital de la

Salpétrière, à Paris, bâti sous Louis XIV, ouvrage du savant et ingénieux architecte Leveau, est cet exemple.

Ce temple est au premier rang, par sa vaste capacité, par la beauté de son plan, par la noblesse et la simplicité de ses élévations.

Un portique de cinquante-un pieds de large, composé de trois arcades et de quatre colonnes d'ordre ionique de deux pieds six pouces de diamètre, forme un avant-corps sur les bâtimens auxquels il se lie, surmonté d'un attique enrichi de quatre pilastres, couronné d'un fronton circulaire; tel est le frontispice de ce temple.

Quatre nefs principales, chacune décorée de quatre arcades sur chaque côté, s'unissent par des tours creuses formées de deux quarts de cercle au dôme octogone qui est au centre, dont le diamètre a cinquante-huit pieds. La longueur totale dans œuvre, sur ces deux grands axes, est de deux cent dix pieds, et deux cent cinquante-deux pieds y compris le portail.

Quatre autres nefs octogones intermédiaires aux précédentes, ensemble avec le dôme de cent soixante-huit pieds de longueur, sont liées également avec lui par des formes circulaires, ayant chacune sur leur grand diamètre cinquante-quatre pieds, et sur le petit quarante-deux pieds.

La largeur des premières nefs est de trente-cinq pieds six pouces, leur longueur particulière, non compris les tours creuses, soixante-six pieds. La hauteur des murs au-dessus du sol extérieur, est de quarante-trois pieds, et quarante pieds six pouces, à compter du pavé du temple; leur épaisseur est de quatre pieds, sans y comprendre les socles extérieurs et intérieurs. Les croisées, au nombre de deux sur chaque côté des grandes nefs, et une seule sur deux des pans des nefs intermédiaires, ont leur naissance treize pieds neuf pouces plus haut que le pavé. Les voûtes des huit nefs, celle de la coupole, sont faites en planches de *merrain*; elles revêtissent la charpente des combles; une campanille couronne le centre de l'édifice et termine la proportion intérieure du dôme. Les murs d'enceinte, ceux de l'intérieur, la tour octogone du dôme qui monte de fond sur huit piliers fortifiés par des renforts naturels que la jonction des nefs a déterminés; toutes ces constructions sont faites en pierre dure d'appareil.

La grandeur des masses de l'église de la Salpétrière, leurs combinaisons heureuses, l'immobilité absolue du corps entier, tant de qualités lui assurent la durée d'une longue suite de siècles, après une existence déja de cent soixante ans. Ce monument rassemble toutes les conditions prescrites par l'architecture pour la solidité; l'on y reconnoît une analogie frappante avec les principes fondés par elle, et suivis par Leveau.

Pour rendre la doctrine sur les proportions à donner aux épaisseurs des murs, et plus attachante et plus exclusive, et faire connoître le danger de s'écarter de ces préceptes, je citerai l'église de l'hôpital de Bicêtre.

Le plan de ce temple est une croix latine, dont la grande branche a soixante-douze pieds de longueur, la croisée trente-six pieds, la branche suivante ou le chevet quarante-deux pieds, ensemble cent cinquante pieds du midi au nord, et cent dix pieds du levant au couchant. La grande nef a de largeur trente-huit pieds quatre pouces, la hauteur des murs à l'extérieur, est de trente-cinq pieds, celle intérieure trente-trois pieds, l'épaisseur trente pouces. Trois grandes croisées de huit pieds de large, seize pieds de haut, et de forme demi-circulaire, ayant leur appui à dix pieds au-dessus du pavé, éclairent la nef sur chaque côté. Les trumeaux intermédiaires ont neuf pieds de large. Une seule croisée est établie sur chacun des murs parallèles des trois autres branches. Le chevet est ouvert d'une pareille baie dans son milieu. Les entraits, les poinçons des fermes des combles sont apparens, et le reste de la charpente est masqué par une espèce de voûte à trois pans faite en planches.

La construction consiste en pierre de taille dans le pied de l'édifice, dans son sommet, dans ses écoinçons, ainsi que dans les embrasures des différentes baies et les chaînes qui leur sont intermédiaires; les autres parties, et les plus considérables, ne sont qu'en moellons.

Dans cet édifice, les murs sont d'une plus foible épaisseur que celle commandée par les règles, en raison de leur hauteur; et l'espacement entre eux, excède de près d'un huitième la largeur relative établie selon les mêmes principes. Ces défauts, dans les masses, ont occasionné dans toutes les façades, un surplomb sensible, et une sorte d'ondulation vers l'entablement. En vain l'on a cru pouvoir contenir l'écartement par les entraits des fermes et leurs armatures; ils ont été insuffisans, ils devoient l'être.

Le temple de l'hôpital de Bicêtre, n'est comparable en rien à celui de la Salpétrière, ni sous le rapport de l'ordonnance, ni sous le rapport de la construction; non-seulement il n'aura pas une longue durée, il ne peut même subsister qu'une période moyenne. Ce monument a été construit avec trop de légèreté et de parcimonie.

Les proportions assignées dans ce discours, aux épaisseurs des murs, sont particulièrement applicables à ceux dont le plan est droit. Quant aux murs circulaires, ils sont bien soumis, comme les premiers, aux ordres d'architecture, mais le dorique les régit le plus généralement. Ces murs, par la nature de leur appareil, sont soumis

à

à l'action d'une force centrifuge lorsqu'ils supportent quelque fardeau considérable ajouté à leur propre poids. De là résulte pour eux le besoin d'une plus forte épaisseur relative, que ne seroit celle de murs droits. Dans ce cas, la nature de la courbe du plan, et la fonction que ces mêmes murs doivent remplir, déterminent le choix que l'on doit faire de l'une ou l'autre des échelles de l'ordre dorique.

L'ACCROISSEMENT de force à donner aux murs dont les plans sont circulaires, a été pratiqué par les anciens. Les théâtres, les amphithéâtres, les temples ronds, sont des modèles les plus instructifs à étudier sur cette branche de construction.

FORT de l'exemple des grands modèles de l'antiquité, je ne redoute point l'attaque que l'on pourroit me faire contre le système que j'adopte sur les proportions particulières pour la solidité, à donner aux murs circulaires; les accidens survenus dans la tour du dôme de Saint-Pierre à Rome le fortifient encore.

JE ne prétends point, par l'exposition faite dans ce chapitre, des règles de l'architecture pour assurer la solidité des édifices publics et particuliers, annoncer une nouvelle doctrine de l'art de bâtir; mais celle que les ouvrages des Grecs et des Romains m'ont enseignée, celle qui a dirigé toutes mes constructions; et, entre les motifs divers qui m'ont déterminé à mettre au jour ce travail, j'ai voulu fixer l'incertitude chez les élèves sur un ordre de rapports dont ils s'occupent peu, et familiariser leur esprit avec l'espèce de grandeur qu'ils doivent calculer pour atteindre au but que doit se proposer tout architecte amoureux d'une gloire durable, celui d'ériger de beaux et solides édifices.

JE ne donne pas ici de ces formules dont il suffiroit de parcourir les tables pour, sans études, sans efforts à l'avenir, oser ériger les monumens les plus considérables. Je laisse cette sorte d'ouvrages, si funeste dans ses conséquences, à ces faiseurs de livres de nos jours sur l'architecture, qui, avec les compilations les plus indigestes comme les plus rebattues, promettent toute facilité pour les sciences, et professent ainsi ce qu'ils ignorent ; le succès sanctionne leur audace. Il est impossible d'abuser davantage de la crédulité publique. La méthode, au contraire, qui fait le sujet de ce traité, malgré les secours réels qu'elle procure, exige de l'architecte d'étudier constamment l'ordonnance et la construction. La nature et l'espèce des rapports dont les lignes sont susceptibles à l'infini dans l'architecture ; la nature et l'espèce des corps, leurs relations entre eux pour assurer un équilibre parfait dans les constructions, seront les objets constans de la pensée de l'artiste. Jamais il n'opérera par une imitation servile et fautive des monumens exécutés, soit pour composer, soit pour construire. La comparaison suivante ne me paroît point déplacée; elle est tout-à-fait applicable à la méthode que je publie.

Tels que les astres dirigent le navigateur secondé par la science théorique et pratique de voguer sur les mers ; tels les ordres, principes communs de l'ordonnance et de la construction, sont les étoiles étincelantes qui éclairent l'architecte dans la vaste route qu'il doit parcourir pour mettre en harmonie toutes les parties de ses compositions, ou simples ou importantes, et pour les construire solidement.

Les règles démontrées dans ce discours, et qui comprennent la doctrine entière de l'art de bâtir, sont totalement distinctes des règles mathématiques, qui ne sont que des tiges sauvages entées sur le tronc de l'architecture, qui en ont appauvri la sève : ce sont des branches gourmandes.

L'utilité, la nécessité de la science de la construction sont senties par tous les bons esprits qui exercent l'architecture. Ils savent que la beauté et la force, qui sont inséparables, réparties avec sagesse dans un édifice, commandent seules le respect. Ces qualités ont été l'égide protectrice aux tems d'ignorance, contre la férocité des barbares pour la conservation des productions de l'architecture. L'histoire le prouve. De grands exemples de nos jours nous l'ont également appris. En effet, au milieu de nos troubles civils, au milieu des démolitions sans nombre qu'ils ont commandées, sur-tout dans la capitale, l'arc de triomphe, la porte Saint-Denis, malgré les plus ardentes provocations pour sa destruction, son caractère mâle et majestueux, les a toutes comprimées; il est resté debout. Ce chef-d'œuvre est là pour échauffer notre imagination, fixer notre goût et notre jugement, et faire atteindre dans nos ouvrages la haute perfection de l'architecture.

Au fort de la même tempête révolutionnaire, le temple du Val-de-Grace, l'un de nos plus beaux monumens de Paris, étoit compté au rang de ceux qui devoient être détruits. J'ai entendu alors un homme très-influent dans les affaires politiques, lors d'une visite qu'il faisoit de cette ancienne abbaye, s'exprimer énergiquement contre *cet amas de pierres inutiles*. Le dôme (1), ce même amas, cependant, en imposa aux premiers momens, par ses formes et son volume; l'on suspendit l'exécution, et bientôt la tombe recouvrit et l'homme et ses projets destructeurs contre un édifice aussi précieux.

L'union de la beauté et de la force ont principalement protégé le premier de nos monumens d'architecture, le palais du Louvre. Placé sur l'arène où des combats sanglans ont été livrés, il n'a reçu que de légères insultes. L'airain du plus fort calibre l'eût difficilement ébranlé. Les deux architectes de ce majestueux édifice, Pierre Lescot

(1) J'étois chargé à cette époque des constructions nécessaires à l'Hospice de la maternité, dans ce monastère, qui, après son établissement, fut transféré dans les maisons de Port-Royal et de l'institut de l'Oratoire, même quartier du faubourg Saint-Jacques.

et Claude Perrault, avoient tout fait pour sa solidité. Le premier en érigea les plus grandes parties dans le seizième siècle ; le second en étendit les branches du plan au levant et au midi, vers la fin du dix-septième siècle. Le même style de composition, le même système de construction règne dans l'ensemble général de cette étonnante et admirable conception.

En vain, tout récemment, des détracteurs se sont efforcés de ternir l'éclat de la haute réputation de Perrault, en manifestant les plus vifs regrets de ce que, *par son intrigue*, les projets du Bernin pour le Louvre n'aient pas été exécutés (1).

Il importe de savoir qu'à cette époque, en 1660, la façade de la cour de ce palais étoit à l'exposition du levant, telle que nous la voyons aujourd'hui, ayant été terminée sous Henri II; un second des côtés, à l'exposition du nord, étoit construit; les ornemens et les figures exécutés en partie ; les deux autres côtés, à l'exposition du couchant et du midi, n'étoient élevés qu'à la hauteur du deuxième ordre. Louis XIV, voulant donc terminer ce monument déja si avancé dans ses constructions, dans le vif et noble desir d'obtenir le meilleur plan d'achèvement de son palais, se détermina à choisir le Bernin, dont la célébrité étoit générale en Europe, concurremment avec Perrault, pour cette grande composition, et pouvoir ensuite adopter celui des plans de ces grands architectes qui auroit atteint davantage la perfection desirée.

Si l'architecte italien l'eût emporté sur l'architecte français, les hautes et sublimes conceptions de Pierre Lescot, le plan entier, les façades sans exceptions, les distributions intérieures, les savantes

(1) Le Journal des Débats, aujourd'hui Journal de l'empire, a publié des notices critiques sur le Louvre ; an XIII (1805).

sculptures de l'immortel Goujon, étoient perdus pour toujours. La preuve de ce que j'avance se reconnoîtra dans la description sommaire et succincte des dessins de ces deux grands hommes.

Le plan du Bernin, dont la grande cour est inscrite à celle exécutée, offre la forme d'une croix; les branches, toutes égales, ont trente toises trois pieds de largeur, et dix toises quatre pieds de saillie; les plus grandes dimensions sur ses axes sont de cinquante-deux toises.

Un grand ordre de colonnes corinthiennes règne au pourtour, selon le mouvement du plan; il est engagé dans des piédroits d'arcades de douze pieds de large, toutes égales, éclairant des galeries au rez-de-chaussée et au premier étage. La hauteur de cet ordre, y compris la tablette de la balustrade, est de quatre-vingt-onze pieds; celle des bâtimens sous l'égout des combles en appentis qui couvrent l'attique érigé sur tous les murs du fond des galeries, ayant des terrasses en avant, cette hauteur totale est de cent pieds, c'est-à-dire, neuf pieds plus élevé que le troisième ordre actuel.

Les façades extérieures, composées d'un soubassement de trente-un pieds et d'un grand ordre pilastre corinthien de soixante-neuf pieds, ont cent vingt-sept pieds de hauteur (1).

Le plan de Perrault conserve, sans aucune altération, la forme carrée de la grande cour telle que l'a tracée et construite Pierre Lescot. La seule innovation qu'il se soit permise dans les élévations, est la substitution d'un troisième ordre à l'attique, changement motivé pour atteindre la hauteur de son péristyle extérieur, dont le soubassement et l'ordre corinthien qu'il porte ont ensemble quatre-vingt-dix pieds de hauteur totale, et son troisième ordre épouse le plan et les mouvemens des deux premiers. Assurément, l'architecte de Louis XIV,

(1) Je fais cette description ayant sous les yeux les dessins gravés du Bernin.

en respectant ainsi les grandes masses de ce palais établi par François Ier., a donné un trait de sagesse digne de l'admiration de la postérité.

Ce parallèle exact prouve évidemment que le plan du Bernin anéantissoit totalement l'ordonnance et les distributions du plan exécuté ; et si l'on réfléchit d'ailleurs sur l'aspect sombre et triste qu'auroit eu la cour, réduite, dans ses plus grandes dimensions, à cinquante-deux toises, et avec des élévations de cent pieds, encadrées de plus par celles extérieures, ayant cent vingt-sept pieds, savoir : trente-sept pieds plus haut que la tablette de la balustrade qui couronne le péristyle au levant et la façade au midi sur la rivière, on sera forcé de convenir qu'un bon génie a fixé le choix de Louis-le-Grand pour les dessins de Perrault, et non pas une misérable intrigue, indigne de cet homme si justement célèbre.

Cette sorte de digression est liée à mon sujet, car toujours les exemples, les faits seront les démonstrations les plus péremptoires. Elle concourt à prouver que les ouvrages les plus transcendans en architecture, sont uniquement le produit des hautes conceptions que cet art inspire.

Les chefs-d'œuvre de la porte Saint-Denis, du Val-de-Grace et du Louvre, qui viennent de nous occuper sous le rapport plus particulier de l'excellence de leur construction, nous portent à diriger l'attention du lecteur sur l'époque où l'architecture fut attaquée chez nous dans ses points essentiels pour la solidité. Il aura une conviction nouvelle, pleine et entière, que les savans se sont étrangement trompés en soutenant :

« Que les règles, pour la solidité des bâtimens, ne peuvent être « autres que les règles mathématiques appliquées aux données « physiques. »

Les innovations, les altérations dans l'art de bâtir en France datent du siècle dernier, si fécond en tant d'innovations diverses, et dans les arts de goût et dans les arts mécaniques. Cette révolution s'est opérée après que les La Hire, les Parent et les Fraisier eurent publié des formules algébriques applicables à la construction des bâtimens. Ces découvertes sont devenues règles uniques pour une classe de constructeurs qui les adoptèrent exclusivement; dès-lors les points d'appui indirects, auxquels donnèrent naissance les tems de barbarie, et qui avoient disparu de nos grandes constructions depuis le renouvellement des lettres et des arts, devinrent, de nos jours, les nerfs essentiels pour la solidité des édifices; et l'impulsion générale donnée, porta certains architectes à altérer, dans leurs compositions, le genre d'architecture des anciens, qu'ils prétendoient cependant faire revivre. Les masses, dans leurs plans, devenues trop légères, ils furent entraînés vers les points d'appui indirects adoptés par les géomètres, ou à se livrer à l'emploi immodéré du fer, ainsi qu'on le remarque dans leurs constructions, qui ne sont que de vrais squelettes.

Loin donc que les règles mathématiques aient, par leur invasion, enrichi le domaine de la construction, elles l'ont dépouillé au contraire de ses ressources; elles l'ont effrité, pour ainsi dire, en lui enlevant les formes eurythmiques, bases immédiates de la solidité. Avec ces règles, la ruine, l'écroulement d'un édifice dépend d'une seule chance. Le Panthéon français, nos ponts à la moderne, sont de grands exemples de cette altération faite au dix-huitième siècle dans l'art de bâtir. Il y a longtems que nous avons fait notre profession de foi à cet égard : nous sommes convaincu que l'on n'apprend pas à construire en lisant des ouvrages de mathématiques.

L'intérêt général et particulier de la société exige impérieusement de rappeler l'étude de la construction à ses vrais principes, à ceux des anciens. C'est pour opérer ce retour desirable que je me suis livré à réunir et à préciser dans cet ouvrage la méthode de l'application de ces mêmes principes, et à en former une espèce de code. Je le déclare, si notre génération veut transmettre à la postérité la plus reculée de nouveaux monumens pour célébrer les événemens les plus extraordinaires dont nous sommes les témoins, prouver aussi la perfection de notre architecture, elle doit proscrire tous ces systèmes nouveaux de bâtir, foibles enfans du goût de l'innovation et de la fureur de la mode, que la raison et l'expérience repoussent également.

En terminant cet ouvrage, je dirai qu'en vain des frondeurs attaqueroient les principes éternels que je publie, en vain ils les jugeroient trop hardiment énoncés, je leur répondrois avec un écrivain de nos jours :

« Dans tout ce qui est dogmatique, on ne procède que par con-
« clusions, et la forme des conclusions est toujours décisive et
« tranchante; on parle en homme convaincu; on ne doute point,
« on affirme. »

FIN.

NOTICE.

NOTICE.

DE L'ESPÈCE DE LA PIERRE

A EMPLOYER

DANS LA RESTAURATION DES PILIERS DU DOME

DU PANTHÉON FRANÇAIS.

LES piliers du dôme du Panthéon sont construits en pierre de liais, celle de toutes les espèces calcaires, après le marbre, la plus dure, du poids spécifique le plus pesant, et la plus belle. La hauteur du banc est onze pouces (1). La reconstruction de ces piliers doit être également en pierre de liais. Deux motifs, et des plus puissans, exigent ce choix. Le premier est l'égalité de ses couches, sa densité; le second, la nécessité d'établir l'union la plus complette dans la liaison des assises anciennes avec les nouvelles; le liais seul peut satisfaire à ces deux conditions de rigueur : hauteur égale et beauté dans le *grain*.

LA roche qui est au second rang, par sa dureté, ne peut être mise en œuvre dans la construction dont il s'agit. L'inégalité, la grossièreté de son *grain*, ses coquillages, la différence de teinte dans ses couches, dont une partie est très-compacte et une autre beaucoup moindre; la hauteur encore, de dix-huit pouces, que porte cette pierre, voilà les motifs de son exclusion. Envisageons de plus près cette question.

(1) La pierre de liais fait la construction du pied du temple dans son pourtour et dans une grande hauteur; les parties supérieures sont construites en pierre fine réduite à un même appareil.

La force nouvelle à ajouter aux piliers du dôme doit se fondre, pour ainsi dire, avec ce qui reste de force aux anciennes. Or, une reconstruction qui s'exécuteroit en pierre de roche, soit que l'on ait la témérité de suivre le plan de Soufflot, soit que l'on accroisse le volume des piliers, est inexécutable. Dans le second cas, l'union absolument nécessaire ne seroit pas complette; et dans le premier cas, il en résulteroit les conséquences suivantes.

Les têtes aigues des piliers (l'angle est de quarante-cinq degrés) reçoivent, sur les nefs, la charge immédiate des grandes voûtes, celle des parties du dôme qui s'érigent sur leurs reins, et tout à-la-fois elles concourent à soutenir les autres parties que portent les pendentifs auxquels ces mêmes têtes servent de véritables culées. Ainsi le poids le plus considérable agissant sur les constructions nouvelles qui manqueroient d'union avec le corps principal, par la disparité de la hauteur de leurs assises de dix-huit pouces avec celles anciennes, de onze pouces seulement, il résulteroit des destructions nouvelles qui forceroient bientôt à une troisième reconstruction de ces mêmes piliers.

La fonction de culées que j'attribue aux têtes de ces piliers est une considération importante à saisir, pour la solidité; elles doivent donc être traitées comme telles, et les matériaux répondre à leurs fins. Le lecteur peut consulter la planche qu'il a sous les yeux pour suivre avec facilité les définitions que je lui présente sur un point de construction si essentiel.

La pierre de roche ne peut être admise dans la restauration des piliers du dôme de Sainte-Geneviève, quel que soit le plan sur lequel elle s'effectuera. L'économie le veut également. Je ne pense pas qu'il se rencontre des partisans de la pierre de roche pour en faire l'emploi dans cette construction, sans la raison d'un moindre nombre d'assises, qui réduiroit d'autant les effets des tassemens. Cet avantage seroit acheté à un trop haut prix par le sacrifice des liaisons que commande la première des lois de la solidité.

J'OBSERVERAI, en terminant ces remarques, et qui devoient être détachées du corps de cet ouvrage, que la pierre de roche, par ses teintes diversement nuancées, ne se raccorderoit nullement avec le ton laiteux du liais qui ne le cède qu'au marbre blanc. Soufflot a préféré, avec bien de la raison, cette belle pierre, et pour sa dureté, et pour sa couleur, et pour obtenir une harmonie complette entre toutes les surfaces de son architecture, dans le jeu de la lumière. Il n'existe point de monument à Paris, dans lequel l'on voie un choix aussi recherché dans la qualité de la pierre, et un accord aussi complet dans la régularité de l'appareil, que cela existe dans cet édifice. La chapelle de Versailles, seule, le lui dispute sous ce rapport. Ce petit temple est un chef-d'œuvre dans le choix des matériaux qui le construisent (c'est un liais des plus fins, extrait des carrières de Senlis, à 12 lieues de Paris), et par la perfection de son exécution. L'église du Val-de-Grace, construite en général avec une grande recherche, n'offre cependant l'emploi de matériaux d'élite, que dans le chœur, qui est le dôme. L'église des Invalides approche de près, au-dedans et au-dehors, de ce genre de perfection.

JE conclus, en disant : que la roche ou tout autre pierre, quoique très-dure, ne peut entrer dans la restauration des piliers du dôme du Panthéon; elles y causeroient des taches choquantes par leurs teintes si disparates avec celle du liais qui construit et les péristyles et les murs d'enceinte sans exception, de ce temple. Nous ne devons point perdre de vue, dans cette grande restauration, qui n'a point son exemple, que l'Europe savante jugera sévèrement et les plans et le système de construction qui seront exécutés.

FIN DE LA NOTICE.

Panthéon Français.

moyens

Pour la Restauration des Piliers du Dôme.

www.ingramcontent.com/pod-product-compliance
Ingram Content Group UK Ltd.
Pitfield, Milton Keynes, MK11 3LW, UK
UKHW020344220726
13923UKWH00004B/1556